ACHTUNG,

moses.

FERTIG,

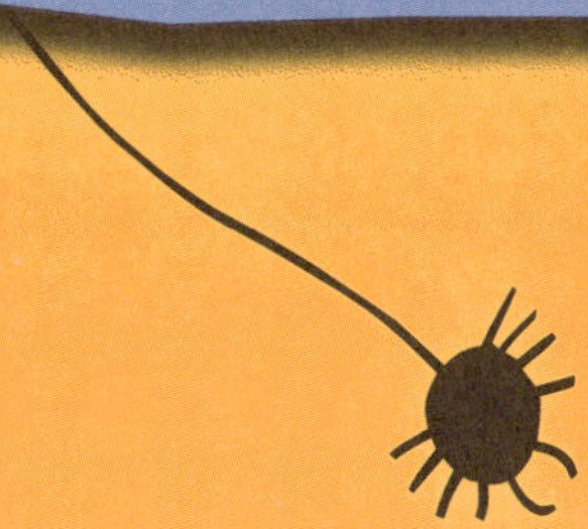

LOS!

Texte und Spiele
von Brigitte Bellac

Illustrationen von
Jacques Azam

Im Reich der Finsternis

Diese Zeichen können dir bei der Wahl eines Spieles helfen:

 Anzahl der Spieler

Spielleiter 

 Spiel für drinnen ...

... und draußen 

 Mit Vorbereitung

 Schnelligkeit

HINWEIS AN ALLE MÄDCHEN!

In unserer Sprache wird nun mal leider das meiste in der männlichen Form ausgedrückt. Aber natürlich sind alle Spiele und Aktivitäten genauso für Mädchen wie für Jungen bestimmt.

Du dringst jetzt ein in die Welt der Dunkelheit ... eine Welt, in der du es mit der Angst zu tun bekommen kannst und in der die super-extra-ultrastarken Fähigkeiten all deiner Sinne gefragt sind!

Du wirst es dir schummerig oder richtig dunkel machen oder aber mit dem Licht spielen müssen. Manchmal brauchst du sogar eine Augenbinde, um wirklich nur noch „schwarz zu sehen".

Probiere alle Spiele mal aus, manche sind für mehr, manche für weniger Spieler geeignet. Je nachdem, wie viele Freunde bei deinem Abenteuer mitmachen wollen
Am Ende des Buches findest du Rätsel, kleine Belohnungen und Strafen für die Gewinner und Verlierer.

Pass auf! Dunkelheit kann süchtig machen. Sei gegrüßt, künftiger Nachtschwärmer!

INHALT 100 Spiele im Dunkeln

Gruselspiele aller Art

Lichtscheue Künstler

Spiele für ruhige Nächte

INHALT

Spiele für stürmische Nächte

Rätsel, Belohnungen und Strafen des Herrn der Finsternis

Gruselspiele aller Art

Voll geladen!

3 Spieler + Drinnen

Ihr braucht:
- verschiedene Gegenstände
- eine Augenbinde

Vorsicht, Hochspannung!

Während einer von euch vor der Tür wartet, verteilt ihr mehrere Gegenstände auf einem Tisch und bestimmt einen, der „unter Strom stehen“ soll.

Ruft den Mitspieler wieder herein und verbindet ihm die Augen. Jetzt soll er einen Gegenstand nach dem anderen berühren.

In dem Moment, wo er das „geladene“ Ding berührt, erschreckt ihr ihn ordentlich, indem ihr alle gleichzeitig laut schreit.

Garantiert springt er entsetzt in die Luft!

Kleiner Tipp
Der „elektrisierte“ Gegenstand sollte nicht zerbrechlich sein: Er könnte dem Opfer vor Schreck aus der Hand fallen und dann träfe dich der Schlag!

Schaurige Geschichten

Ihr braucht:
Streichhölzer

Erfinde eine Gruselgeschichte!

Setzt euch im Kreis auf den Boden und legt die Streichhölzer (eines weniger, als ihr Spieler seid) in die Mitte.

Jetzt erzählst du eine richtig unheimliche Geschichte. Sobald das Wort „schwarz" vorkommt, müssen deine Freunde sich so schnell wie möglich ein Streichholz nehmen.

Wer leer ausgeht, muss die Geschichte weitererzählen ... und auch irgendwann „schwarz" sagen. Immer wenn der Erzähler wechselt, werden die Streichhölzer zurückgelegt.

Geschichten

- Geschichte von einer Fee, die sich in eine Hexe verwandelt ...
- Geschichte von einem Schneemann, der zum Leben erwacht ...
- Geschichte von einer fünf Meter großen Ameise, die ins Haus kommt ...

Kleiner Tipp
Eine richtige Zähneklapper-Stimmung entsteht, wenn ihr eine verhüllte Taschenlampe in eine Zimmerecke stellt!

Grauenhafte Überraschungen

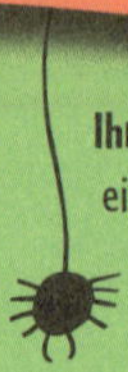

Ihr braucht:
eine Taschenlampe

Nichts für Angsthasen!

Kleiner Tipp
Überleg dir gut, wer das Opfer sein soll! Verschone allzu empfindsame Gemüter. Sie werden es dir danken!

Das Taschenlampengespenst

Rufe jemanden an einen dunklen Ort. Wenn er kommt, knipst du plötzlich unter deinem Kinn die Taschenlampe an und schneidest eine abscheuliche Grimasse. Am besten du übst es vorher im Dunkeln vor dem Spiegel, um die Wirkung zu überprüfen! Mit einer Strumpfhose über dem Kopf siehst du noch furchterregender aus!

Uuhh! Da ist jemand im Zimmer!

Bereite die „Überraschung" schon vor Einbruch der Dunkelheit vor: Stell ein Paar Männerschuhe so unter einen Vorhang, dass sie herausschauen. Wenn es so weit ist,

Hilfe, da ist jemand am Fenster!

Auch diesen sehr wirkungsvollen Effekt musst du vorbereiten! Häng draußen vor das Fenster eine scheußliche Maske oder einen Luftballon, auf den du ein Gesicht gemalt hast. Wenn es dunkel ist, bittest du dein Opfer, die Jalousie herunterzulassen oder das Fenster zu öffnen … sagst du, du hättest „irgendwo ein Geräusch" gehört, dann nimmst du die Taschenlampe und tust so, als würdest du suchen. Plötzlich richtest du die Lampe auf den Vorhang und kreischst los. Wetten, dein Opfer schreit lauter als du?

Der Mann unter dem Bett

Aus einem Mantel, einer Hose, Schuhen, einem Hut (oder einer Mütze) und Handschuhen machst du eine Puppe, die du mit Kissen und weiteren Kleidungsstücken ausstopfst. Leg die Puppe in möglichst natürlicher Haltung unter das Bett. Du ahnst schon, wie es weitergeht?

Blinde Kühe

Ihr braucht:
Augenbinden

Mit den Händen sehen

Im Gegensatz zum üblichen Versteckspiel werden bei diesem allen Mitspielern die Augen verbunden, selbst dem, der zählen muss. Also tasten alle durch die Gegend, rempeln sich an und schimpfen!

Die, die sich verstecken, sollten sich möglichst klein machen und keinen Mucks von sich geben, um es dem Suchenden noch schwerer zu machen!

Wer zuerst entdeckt wird, hat verloren und muss beim nächsten Mal suchen. Wer als Letzter gefunden wird, bekommt eine Belohnung.

Ekliges Gefühl!

3 Spieler + · Spielleiter · Mit Vorbereitung

Ihr braucht:
alle möglichen Sachen, die sich seltsam anfühlen, z. B. eine in Jogurt getauchte Schnur, Brei, einen nassen Schwamm, Wackelpudding, Eiweiß, Schmirgelpapier ...

Igitt! Was ist das?

Vorbereitung
Der Große Widerling sucht sich heimlich seine widerlichen Sachen zusammen, verteilt sie auf kleine Gefäße und stellt sie in eine Wanne.

Mit einer Wanne, über die er ein Tuch gebreitet hat, betritt der Große Widerling den Raum, in dem sich die anderen befinden.

Nacheinander müssen die Opfer des Großen Widerlings ihre Hand unter das Tuch stecken und die fiesen Sachen anfassen.

Wer angeekelt aufschreit, scheidet aus oder muss zur Strafe etwas Besonderes machen.

Nachdem die Spieler alles befingert haben, müssen sie erraten, was sie angefasst haben. Für jeden Treffer gibt's fünf Punkte. Der Sieger hat sich eine Belohnung verdient.

Schätze in der Nacht

Ihr braucht:
- möglichst viele kleine glänzende Gegenstände (Leuchtspielzeug, Spiegel, in Silberpapier eingewickelte Bonbons, Weihnachtsschmuck ...)
- pro Spieler eine Tüte oder einen Korb

Was glitzert denn da

Vorbereitung

Verteile die Schätze tagsüber im Haus oder im Garten. Aber versteck sie nicht zu gut, denn sie müssen nachts zu finden sein!

im dunklen Wald?

Wenn es draußen richtig dunkel ist, gehen die Schatzsucher einzeln oder in Gruppen an den Start.

Wer die meisten Gegenstände findet, hat gewonnen. Eine Extrabelohnung bekommt der, der die kleinsten Gegenstände entdeckt hat.

Noch schwerer!

Das Spiel wird noch schwieriger und lustiger, wenn die Spieler nach jeder Entdeckung zum Ausgangspunkt zurück müssen, um ihre Beute bei einem Schatzhüter abzulegen.

Sie dürfen ihre Schatzsuche erst fortsetzen, wenn sie eine Aufgabe erfüllt oder ein Rätsel gelöst haben, das ihnen der Schatzhüter aufgegeben hat (Seite 92/93).

Der gefräßige Bär

5 Spieler + | Spielleiter | Drinnen

Stellt euch tot! Sonst frisst euch der Bär!

Einer von euch ist der Bär und muss den Raum verlassen. Ihr seid Holzfäller, die im Wald arbeiten. Plötzlich kommt der Bär mit fürchterlichem Gebrumm herein. Ihr werft euch alle auf den Boden und stellt euch tot.

Nun geht der Bär von einem zum andern und versucht, euch mit allen Mitteln wieder lebendig zu machen:

Bemerkt er auch nur das geringste Lebenszeichen bei einem von euch, frisst er den „falschen Toten", der dadurch ebenfalls zum Bären wird.

Der Bär geht mit seinem Opfer hinaus, zu zweit kommen sie laut brummend wieder herein, alle fallen um ... und so weiter!

Das Spiel ist aus, wenn alle Holzfäller zu Bären geworden sind.

Bärengesetz

Zur Wiederbelebung der Holzfäller ist alles erlaubt, außer Fußtritten und Kitzeln!

Der gefährliche Wal

Hände weg, der Wal geht um ...!

Es ist dunkel ...
Alle Spieler sitzen im Kreis, die Hände flach auf dem Tisch!

Der gefährliche Wal schlägt jedem reihum auf die Hände und singt dabei: „Hier kommt der Wal, hier kommt der Wal ... eure Fingerchen sind ihm egal, er wird sie euch zermalmen!"

Bei dem Wort „zermalmen" schlägt der Wal noch kräftiger auf die Hand, die er gerade vor sich hat ...

Ihr müsst schneller sein als der Wal, denn jede getroffene Hand scheidet aus! Wem es am Schluss gelungen ist, wenigstens fünf Finger zu retten, der hat gewonnen!

Das Gespenst ohne Füße

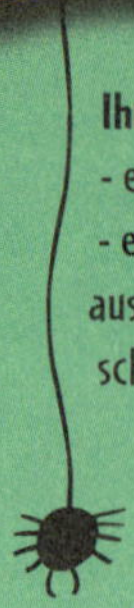

Ihr braucht:
- einen Umhang
- eine Taschenlampe, die aus einer Ecke des Raumes schummrig leuchtet

O Gnade! Gib mir deine Füße!

1 Lost unter euch ein Gespenst aus, werft ihm ein Bettlaken über und steckt es unter den Tisch. Es darf nur auf Knien rutschen und muss versuchen, die Füße der Mitspieler zu packen, die um den Tisch herumgehen.

2 Die Spieler müssen immer eine Hand auf dem Tisch behalten, und das Gespenst darf nicht unter dem Tisch hervorkommen! Sobald es einen Fuß erwischt hat, ist sein Opfer gelähmt.

3 Dann tastet das Gespenst Füße und Beine seines Opfers ab. Wenn es errät, wem sie gehören, darf es wieder laufen, und das Opfer wird selbst zum Gespenst.

Kleiner Tipp

Bloß nicht erschrecken, wenn euch das Gespenst kalt erwischt ...!

Füße hoch!

... wirklich, nur deine Füße!

Auf einer freien Fläche werden Stühle aufgestellt, und zwar einer weniger, als Spieler mitmachen.

Auf ein Zeichen hin versuchen alle, sich auf einen Stuhl zu retten. Wer leer ausgeht, fällt dem Gespenst zum Opfer, das auf ihn zukriecht und um ein Paar Füße bettelt ...

Erkennt das Gespenst sein Opfer, wird dieses selbst zum Gespenst. Sonst wird das Spiel wiederholt.

Wenn das Gespenst aber schummelt, bekommt es eine ganz besonders gruselige Strafe!

Geister-tipp

So ist das Spiel noch spannender, weil man beobachten kann, wie sich das Gespenst im Dämmerlicht langsam auf sein Opfer zubewegt.

Fingerübungen

Ihr braucht:
eine Augenbinde

Du wirst doch wohl Pauls Gesicht erkennen!

Dunkelt das Zimmer ab und lost unter euch einen „Seher" aus. Während ihr euch ganz still verhaltet, nähert sich der Seher mit verbundenen Augen einem von euch und legt ihm die Hände aufs Gesicht.

Durch Abtasten von Mund, Nase, Ohren und Haaren muss er herausfinden, wen er vor sich hat.

Gelingt ihm das nicht, kneift ihn der Unerkannte, und der Seher muss es bei einem anderen Spieler versuchen. Gelingt es ihm aber, bekommt er fünf Punkte und der Erkannte wird zum Seher.

5 Spieler +

Für Feinfühlige:

Das Spiel wird viel schwieriger, wenn der „Seher" seine Freunde an ihren Händen und Fingern wiedererkennen muss ... oder an ihren Schuhen!

Kleiner Tipp

Seher, die es schaffen, ihre Freunde im Dunkeln an den Händen zu erkennen, haben eine besonders gute Beobachtungsgabe. Sie dürfen sich das nächste Spiel aussuchen!

Trillerpfeifen-Attacke

5 Spieler +

Ihr braucht:
- eine Augenbinde
- ein Stück Schnur
- eine Trillerpfeife

Horch, da kommt der Kommissar ...

1 Mit verbundenen Augen steht der Einbrecher im Dunkeln und lauert. Auf seinem Rücken hängt an einer Schnur eine Trillerpfeife.

2 Die Polizisten haben sich wenige Meter hinter ihm versteckt. Sie müssen sich leise an den Einbrecher heranschleichen, die Trillerpfeife schnappen und kräftig hineinblasen.

3 Wenn es dem Einbrecher gelingt, „Achtung, Kommissar!“ zu rufen, bevor der Polizist die Trillerpfeife schnappt, hat er gewonnen und wird Kommissar!

Stuhlbein mit Schuh

3 Spieler +

Ihr braucht:
- einen Stuhl
- Augenbinden

Ist doch gut gelaufen!

Zieht die Schuhe aus und legt sie alle auf einen Haufen. Der erste Spieler muss mit verbundenen Augen jedem Stuhlbein einen Schuh anziehen. Um die Spannung zu erhöhen, könnt ihr die Zeit begrenzen.

Und jetzt wird gerechnet: Für jedes Stuhlbein mit Schuh einen Punkt; zwei Punkte, wenn ein Stuhl ein passendes Paar trägt; drei Punkte, wenn der linke Schuh am linken Stuhlbein sitzt und so weiter ...

Wer die meisten Punkte hat, wird als Sieger auf dem Stuhl einmal durch das Zimmer getragen!

Tastende Zehen

3 Spieler + | Drinnen | Schnelligkeit

Ihr braucht:
- Kieselsteine oder Murmeln
- Augenbinden

Huch! Worauf trete ich da?

Vor Spielbeginn werden Kieselsteine oder Murmeln auf dem Boden verteilt. Dann ziehen die Spieler Schuhe und Strümpfe aus und verbinden sich die Augen.

Tastend und tapfer müsst ihr mit den Füßen so viele Steine finden wie möglich, sie aufheben und in einem Becher sammeln.

Wer die meisten gefunden hat, gewinnt. Und wer schreit, weil er auf einen Stein oder eine Murmel getreten ist, scheidet aus!

Lichtscheue Künstler

Lustiges Schminken

Ihr braucht:
- wasserlösliche Schminke
- Schmink-schwämmchen

Jede Menge Clownsgesichter!

Bei Licht legt sich der Schminkkünstler alle möglichen Schminkutensilien zurecht.

Ein Mitspieler wird ausgelost und setzt sich dem Schminkmeister gegenüber. Jetzt macht ihr das Licht aus und der Künstler macht sich ans Werk!

Ziel des Spiels ist es, nicht einen Fleck im Gesicht des Clowns ungeschminkt zu lassen.

Und zum Schluss: Licht an, Spiegel her und ... erkennt ihr den Clown noch?

2 Spieler + Drinnen Schnelligkeit

„Dalli, dalli!“

Das Spiel kann man auch zu mehreren und in Mannschaften spielen.

Jede Mannschaft muss in einer bestimmten Zeit, z. B. in höchstens fünf Minuten, im Dunkeln ihren Clown schminken.

Vergesst nicht, dass das ganze Gesicht des Clowns geschminkt sein muss. Sonst habt ihr verloren.

Kleiner Tipp

Wenn ihr einen Fotoapparat habt, verewigt das Ergebnis, es lohnt sich!

Blinde Schrift

2 Spieler +

Ihr braucht:
- Augenbinden
- eine Schreibtafel
- einen Filzstift oder Kreide

Schreiben mit fremder Hand

Verbinde dem Schriftsteller die Augen. Dann drückst du ihm den Filzstift (oder die Kreide) in die Hand und lässt ihn auf der Tafel schreiben. Aber du führst seine Hand.

Das ist gar nicht so einfach!

Der „Blinde“ muss erraten, welches Wort du ihn hast schreiben lassen.

Pille palle Puzzle

2 Spieler + Drinnen Schnelligkeit

Ihr braucht:
- Postkarten
- eine Schere
- Augenbinden
- Klebeband

Setz das Puzzle blind zusammen

Vorbereitung
Zerschneide ein paar Postkarten in unterschiedlich geformte Teile und verbinde dir die Augen.

Zuerst suchst du die vier Ecken der Postkarte und legst sie aus, dann setzt du nach und nach das ganze Bild zusammen.

Ganz schön schwierig im Dunkeln! Man braucht Augen an den Fingerspitzen!

Wenn du das Gefühl hast, dass alle Teile richtig liegen, klebst du das Puzzle mit Klebeband zusammen ... natürlich auch im Dunkeln! Na? Gibt es im Hellen eine Überraschung?

Diashow

5 Spieler + Spielleiter

Ihr braucht:
eine Taschenlampe

Improvisierte Statuen

Der Spielleiter bildet zwei Mannschaften: Schauspieler (1 bis 3 Kinder) und Zuschauer (möglichst viele).

Im Schein der Taschenlampe flüstert er den Schauspielern ein Thema zu.

Dann knipst er für ein paar Sekunden das Licht aus ... In der Zeit gehen die Schauspieler rasch in Position.

Spot an!

Die Schauspieler erstarren, und die Zuschauer müssen erraten, was das Thema ihrer „Szene“ ist.

Themenliste

Ihr seid beim Weltmeisterschafts-Endspiel, an der Bushaltestelle, im Schwimmbad, beim Zahnarzt im Wartezimmer, ihr springt mit dem Fallschirm. Ihr seid Meeresungeheuer, ihr habt etwas Ekliges verschluckt, und so weiter ...

Komische Zeichnung!

2 Spieler +

Ihr braucht:
- Papier
- Buntstifte

Mal ein Bild im Dunkeln zu Ende

Bei Licht fängst du eine (wunderschöne!) Zeichnung an. Merk dir genau, wo deine Buntstifte liegen, dann mach das Licht aus oder verbinde dir die Augen. Und zeichne weiter!

Wenn ihr zu mehreren seid, könnt ihr eure angefangenen Bilder auch weitergeben und das von eurem Nachbarn zu Ende malen.

Wetten, dass dann die Katze fünf Beine hat, die Haustür im Garten steht oder das Gras rosarot ist?!

Chinesische Schattenspiele

Ihr braucht:
- eine Taschenlampe
- ein weißes Bettlaken

Was für ein

Die Kunst des Schattenspiels ist schon einige tausend Jahre alt, aber sie ist immer noch etwas ganz Besonderes!

Du spannst ein weißes Bettlaken in einen Türrahmen und richtest eine starke Lampe darauf. Dann dunkelst du den übrigen Raum ab und stellst dich zwischen Türrahmen und Lampe.

Mit Händen, Fingern und Armen zauberst du nun fabelhafte Tierschatten oder Gesichter auf die Leinwand. Auf dieser Seite findest du schon ein paar Ideen.

Natürlich kannst du noch viele andere Figuren erfinden!

2 Spieler + Drinnen

Tier ist das?

Wenn du etwas geübt hast, kannst du für deine Freunde eine richtige Aufführung mit Musik veranstalten.
Der Erfolg ist dir sicher!

Chang erzählt

Eines Tages sah ein kleiner Elefant einen Wolf. Ganz überrascht fragte das Elefantenkind einen vorbeifliegenden Storch, wer denn dieses Tier mit dem weit aufgerissenen Maul sei und warum es keinen Rüssel habe ...

Die verrückten Maler

Ihr braucht:
- Papier
- Farben
- Pinsel
- Augenbinden

Wir machen abstrakte Kunst!

Im Dunkeln oder mit verbundenen Augen muss der Künstler malen, was der Spielleiter ihm sagt.

Dann nimmt er das Tuch von den Augen. Jetzt macht ihr das Licht wieder an und bewundert das Kunstwerk!

Bildideen

Eine Hexe ... die in einem Zauberkessel rührt ... in dem ein Teufel kocht ...

Gemeiner Tipp

Stellt eure Werke im Schlafzimmer der Eltern aus ... Garantiert kriegen sie Alpträume!

Sterne aus Papier

2 Spieler +

Drinnen

Ihr braucht:
- Zeitungs- oder Goldpapier
- Scheren
- Augenbinden

Von wegen, Sterne leuchten bei Nacht ...!

Ein Stern hat fünf Zacken! Nicht etwa sieben oder zwei! Dann mal ran an die Scheren, aber mit verbundenen Augen! Und passt auf eure Finger auf!

Elefanten-Variante

Die Spieler müssen aus einem Bogen Zeitungspapier einen Elefanten ausschneiden! Wer das schafft, bekommt eine elefantenstarke Belohnung!

Raubtiermahlzeit

2 Spieler + | Draußen

Ihr braucht:
- Jogurts oder Süßspeisen
- Löffel
- Augenbinden
- Schlabberlätzchen

Der Tierpfleger hat die Augen verbunden und muss, mit Jogurt und Löffel ausgerüstet, das gierige Raubtier füttern, das ihm, ebenfalls mit verbundenen Augen, gegenüber sitzt.

Was so einfach scheint, endet meist in einer mittleren Katastrophe. Richtig schön ekelig!

Riesen Sauerei

Zwei Raubtiere mit verbundenen Augen füttern sich gegenseitig!

Aus dem Ei gerieben

Ihr braucht:
- Eier
- Sandpapier

Ein Ei schmirgeln ... ohne dass es zerbricht

Nimm dir ein Stück Sandpapier und schleife im Dunkeln ein Ei ganz, ganz vorsichtig ab!

Die Eierschale soll ringsum abgeschliffen werden, natürlich ohne dass das Ei dabei kaputtgeht!

Wenn du plötzlich etwas Glibberiges zwischen den Fingern spürst, hast du das Spiel garantiert verloren!

Das Monsterbaby

3 Spieler +

Ihr braucht:
- Babyfläschchen (oder Gefäße mit engem Hals)
- Suppenlöffel
- Augenbinden

Löffelweise Babynahrung – aber schnell!

Alle Mann in die Küche! Bildet zwei oder mehrere Mannschaften. Jede Mannschaft ist eine Familie und wählt ihr „Monsterbaby". Dann verbinden sich alle die Augen.

Das kleine Ungeheuer sitzt mit der Nuckelflasche in der Hand auf dem Boden.

Die übrigen Familienmitglieder müssen nun loffelweise Wasser in das Fläschchen füllen – aber dafür müssen sie Wasser aus einer drei Meter entfernt stehenden Wanne holen!

Welches Fläschchen ist am schnellsten gefüllt?

Gemeiner Tipp

Mit Wasser ist es lustig, ... mit Marmelade wird's so richtig klebrig!

3 Spieler +

Spielleiter

Geschmacksfrage

Ihr braucht:
- alle möglichen Lebensmittel, z. B. Mehl, Jogurt, Blumenkohl, Senf, Büchsenmilch, saure Gurken, Honig, Marmelade ...
- Teelöffel
- Augenbinden

Ketchup und Senf nicht verwechseln!

Während die Testesser-Lehrlinge sich im Nebenraum die Augen verbinden, bereitet der Meister-Testesser „kleine Gerichte" zu, indem er verschiedene Lebensmittel auf Untertassen verteilt.

Dann geht der Meister mit seinen Gerichten zu den Testessern und schiebt jedem einen Löffel des gleichen Lebensmittels in den Mund.

Die Lehrlinge dürfen ihr Urteil erst abgeben, wenn alle gefüttert wurden! Jeder, der ein Lebensmittel erkannt hat, bekommt einen Punkt. Und weiter geht's mit der nächsten Speise ...

Der Nasenmeister

Ihr braucht:
- möglichst viele unterschiedlich riechende Lebensmittel: Vanille, Kaffee, Tee, Pfeffer, Schokolade, Zitronenscheiben, Pfefferminze, Zimt ...
- Untertassen
- Augenbinden

Riecht das nach Pfeffer oder nach Vanille?

Bevor das Spiel beginnt, verteilt der Nasenmeister in der Küche heimlich je ein Lebensmittel oder ein Gewürz auf einer Untertasse.

Danach verbindet er den Schnüfflern die Augen und lässt alle in seine Schnupperhöhle eintreten.

Im Dämmerlicht hält er ihnen die Untertassen unter die Nase ...
Aber Achtung! Hier wird nur geschnuppert, nicht geschmeckt!

Wer die meisten Gerüche richtig benennen kann, ist die „Supernase“!

2 Spieler + Drinnen Spielleiter

Für Schnüffelprofis

Versucht doch mal, klein geschnittenes Obst oder Gemüse am Geruch wiederzuerkennen. Eine hohe Nasenkunst, die nicht jeder beherrscht!

Gemeiner Tipp

Der Nasenmeister kann heimlich Fisch oder ein Stück alten Camembert dazwischenschmuggeln!

Der Drache ohne Schwanz

Mit Vorbereitung

3 Spieler +

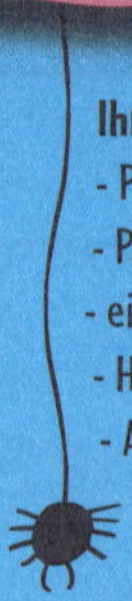

Ihr braucht:
- Papier
- Pappe
- einen Bleistift
- Heftzwecken
- Augenbinden

Kleb dem Drachen den Schwanz wieder an!

Vorbereitung

Zeichne einen scheußlichen schwanzlosen Drachen auf ein Blatt Papier und häng es an die Wand. Dann bastelst du aus einem Stück Pappe einen Schwanz und steckst eine Heftzwecke in den Schwanzansatz.

Seht euch den schwanzlosen Drachen gut an, bevor ihr euch die Augen verbindet und das Licht ausmacht. Dann geht ihr etwa zehn Schritte zurück.

Jetzt müsst ihr dem Drachen mit verbundenen Augen seinen Schwanz an der richtigen Stelle anheften! Jeder hat zwei Versuche.

Danach nehmt ihr die Augenbinden ab und macht das Licht an: Ihr werdet sicher was zu lachen haben!

Die Minute der Wahrheit

2 Spieler + Spielleiter

Ihr braucht:
- eine Uhr mit Sekundenzeiger
- eine Taschenlampe

Wie lange dauert eine Minute?

1 Du bist der Herr der Zeit und befiehlst den Spielern, sich auf den Boden zu setzen.

2 Licht aus und los: Eine Minute! Im Schein der Taschenlampe verfolgst du den Sekundenzeiger.

3 Sobald ein Spieler glaubt, dass die Minute um ist, springt er auf und ruft: „Minute der Wahrheit!“. Irrt er sich, wird er bestraft oder scheidet aus. Hatte er Recht, ist er der neue Herr der Zeit.

Schatten raten

3 Spieler + Drinnen

Ihr braucht:
- ein in einen Türrahmen gespanntes Bettlaken
- verschiedene Requisiten: Mützen, Schnurrbärte, Kissen, Halstücher, eine große Regenjacke, eine Perücke, einen Trichter ...

Wem gehört dieses Mörderprofil?

Einer von euch ist der Schattenforscher. Er sitzt auf der einen Seite des Lakens im Dunkeln.

Von der anderen Seite wird das Laken angestrahlt. Dort sind auch die Schauspieler.

Nachdem einer von ihnen sich mit ein paar Requisiten in eine geheimnisvolle Figur verwandelt hat, nähert er sich dem Laken, bis sich sein Schatten darauf abzeichnet.

Der Schattenforscher muss nun erraten, wer sich hinter der seltsamen Silhouette verbirgt!

Kann er die rätselhafte Figur richtig zuordnen, hat er gewonnen, und der Erkannte muss seinen Platz einnehmen!

Was bin ich?

Ihr braucht:
ein in einen Türrahmen gespanntes Bettlaken

Zahnarzt oder Friseur??

Bei dieser Variante steht nur ein Schauspieler auf der beleuchteten Seite, während die anderen im Dunkeln sitzen.

Der Schauspieler stellt sich vor das Laken und fängt an, einen Beruf oder eine besondere Tätigkeit darzustellen.

Kleiner Tipp
Verwickelt euch nicht in zu komplizierte und unverständliche Darstellungen, das Spiel ist lustiger, wenn es schnell geht!

Wer zuerst errät, was der „Schatten-Spieler" macht, verschwindet als nächster hinter der Leinwand!

Verschlüsselte Botschaften

Ihr braucht:
pro Spieler eine Taschenlampe

Kommst du rüber? Ja, gleich!

In einer tiefschwarzen Nacht stellt sich jeder in eine Ecke des Gartens oder an euer Fenster, falls ihr Nachbarn seid.

Nun könnt ihr euch per Lichtzeichen verschlüsselte Botschaften zuschicken – eine tolle Methode, um Geheimnisse auszutauschen!

Um euch verständigen zu können, müsst ihr natürlich beide die Geheimsprache lernen!

2 Spieler + Draußen

Spionage-Code

Das Prinzip besteht darin, kurze und lange Lichtsignale in unterschiedlicher Abfolge zu senden.

Hier ein paar Beispiele

HALLO!: O — O
BIN AUF EMPFANG!: — —

BIST DU O.K.?: O O O
NEIN! PROBLEME!: — O O —

Kurzes Signal (kürzer als eine Sekunde) = O

Langes Signal (länger als eine Sekunde) = —

Kleiner Tipp:
Natürlich könnt ihr euren „Geheimwortschatz“ mit neuen Zeichen erweitern!

KOMM!: O O
EINVERSTANDEN!: — — —
JA: O
NEIN: —

Der Tontechniker

3 Spieler +

Ihr braucht:
- einen Holzlöffel
- verschiedene Gegenstände, z. B. ein Sieb, Plastikbecher, Schachteln, Kochtöpfe, Kissen, Gläser ...
- Augenbinden

Und worauf schlag ich jetzt?

Mit verbundenen Augen wartet das „Publikum“, bis der Tontechniker seine „Geräte“ auf einem Tisch vor sich aufgebaut hat. Wenn es mucksmäuschenstill ist, schlägt er mit seinem Löffel auf einen Gegenstand. Was klingt so?

Wer als Erster erkennt, von welchem Gegenstand der Ton stammt, bekommt einen Punkt – oder zwei, wenn der Ton besonders schwer zu raten war.

Wer die meisten Gegenstände errät, gewinnt und erhält eine Belohnung.

Tolle Figur!

2 Spieler +

Ihr braucht:
Knetmasse

Kunst aus Knete!

In einem völlig dunklen Raum oder mit verbundenen Augen knetest du einen Elefanten, eine Schildkröte, einen Delfin, eine Katze oder was dir sonst so in den Sinn kommt!

Wenn deine Freunde erkennen, was du machen wolltest, hast du eine Super-Belohnung verdient!

Kleiner Tipp

Wenn deine „Skulptur" nach gar nichts aussieht, behaupte stolz, du würdest abstrakte Dunkelkunst machen ...

Haifischzähne

2 Spieler +

Zähl die Finger auf deinem Kopf!

Sing im Dunkeln „Eins, zwei, drei, wie viele Zähne hat der Hai?“, während du einem deiner Freunde mit den Fingern auf dem Kopf herumtrommelst.

Bei dem Wort „Hai“ hörst du auf zu trommeln und lässt beliebig viele Finger auf dem Kopf deines Freundes. Er muss erraten, wie viele es sind.

Richtig geraten? Dann tauscht die Rollen. Danebengetippt? Dann noch einmal von vorn!

Echt Spitze

Auf dem Rücken herumtrommeln ist noch lustiger und schwieriger!

Spiele für ruhige Nächte

Die Mumien

5 Spieler +

Drinnen

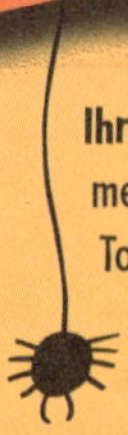

Ihr braucht:
mehrere Rollen Toilettenpapier

Wickle die Mumie aus!

Bildet zwei Mannschaften, lost jeweils eine Mumie aus und wickelt beide mit der gleichen Menge Toilettenpapier vollständig ein.

Dann legt ihr die Mumien auf den Boden und lost pro Mannschaft einen Archäologen oder eine Archäologin aus.

Die müssen jetzt abwechselnd ein Wort nennen, in dem die Buchstabenfolge „-ich-“ vorkommt, zum Beispiel „L-ich-t“ oder „E-ich-el“. Bei jedem neuen Wort dürfen die Spieler ihre Mumie einmal drehen und dabei ein Stück auswickeln. Die Archäologen haben aber nur fünf Sekunden Zeit, sich ein Wort einfallen zu lassen!

Pharao befiehlt:

Die Mannschaft, die das Papier zerreißt, muss ihre Mumie noch einmal ganz einwickeln und von vorn anfangen! Der mächtige Herrscher duldet keine Schummelei!

Die Bombe tickt!

2 Spieler + Drinnen

Ihr braucht:
einen großen,
tickenden Wecker

Finde die Bombe, bevor sie explodiert!

Durch Auslosen wird ein Minensucher bestimmt, der kurz aus dem Zimmer gehen muss. Du ziehst einen Wecker auf und stellst ihn so ein, dass er drei Minuten später klingelt.

Versteck den Wecker rasch unter einem Kissen, in einem Schrank, einer Kommode oder hinter einer Gardine, mach das Licht aus und lass den Minensucher wieder hereinkommen.

Seine Aufgabe ist es, die „Bombe" durch ihr Ticken ausfindig zu machen und sie an sich zu nehmen, bevor das Klingeln losgeht.

Erfüllt der Minensucher seine Aufgabe nicht, wird er bestraft!

Bonbonfahndung

3 Spieler +

Schnelligkeit

Ihr braucht:
- eine Tüte Bonbons
- eine Augenbinde für die „Naschkatze", falls es nicht dunkel genug ist

Die Suche nach dem süßen Schatz

Bei Licht lost ihr eine „Naschkatze" aus und schickt sie für eine Minute aus dem Zimmer.

Versteckt einen Bonbon im Raum, holt die Naschkatze wieder herein und macht das Licht aus.

In weniger als 50 Sekunden muss sie den Bonbon finden, die anderen Spieler dürfen sie dirigieren: „warm", „wärmer", „kalt", „du bist am Nordpol" und so weiter.

Entdeckt die arme Naschkatze das Versteck nicht rechtzeitig, gibt's eine Strafe – oder keinen Bonbon!

Gemeiner Tipp
Wenn ihr beim Dirigieren schummelt, darf die Naschkatze sich rächen!

Total verknotet!

2 Spieler + Mit Vorbereitung

Ihr braucht:
- mehrere Pakete
- Paketschnur
- Augenbinden

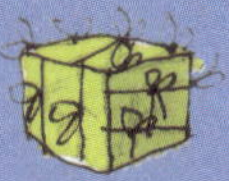

Beeil dich, die vielen Knoten zu öffnen!

Vorbereitung

Pack so viele Pakete, wie es Spieler (oder Mannschaften) gibt. Schnüre alle Pakete auf die gleiche Weise zu und mach dabei so viele Knoten wie möglich. Leg vorher in jedes Paket eine Überraschung.

Auf „LOS" beginnen alle Spieler mit verbundenen Augen, also in völliger Dunkelheit, ihre Pakete aufzuknoten.

Der Spieler oder die Mannschaft, die als erste alle Knoten gelöst hat, hat gewonnen.

Kleiner Tipp

Achtung! Je nervöser man ist, um so fester zieht man die Knoten!

Der verflixte Schlüsselbund

2 Spieler +

Ihr braucht:
- einen großen Schlüsselbund
- eine Augenbinde
- eine Stoppuhr

Finde so schnell wie möglich den richtigen Schlüssel!

Dieses Spiel kann auch als Strafe dienen!

Ihr lost einen von euch aus, der der Räuberlehrling sein soll, und verbindet ihm die Augen. Dann bekommt er einen riesigen Schlüsselbund in die Hände. Nun soll er so schnell wie möglich den „passenden" Schlüssel für ein kompliziertes Schloss im Haus finden.

Mit etwas Glück, viel Geduld und dem nötigen Fingerspitzengefühl wird er es schaffen.

Gemeiner Tipp
Wenn du erleben willst, wie ein Spieler total ausflippt, vergiss einfach, den passenden Schlüssel an den Schlüsselbund zu hängen!

Der Murmelkasten

Ihr braucht:
- einen hellen Schuhkarton
- fünf Murmeln pro Spieler

Deine Murmel muss ins schwarze Loch!

Zur Vorbereitung:
Schneide am Rand eines Kartons verschieden große Halbkreise aus: die „schwarzen Löcher".

Im Dämmerlicht richtig zu treffen, ist nicht ohne ... dafür aber aufregend!

Versuche, von einer zuvor festgelegten Stelle aus mit deinen fünf Murmeln eines der schwarzen Löcher zu treffen.

Jeder Spieler erhält pro Treffer einen Punkt. Wer von euch die meisten Punkte hat, gewinnt!

Kleiner Tipp
Je weiter du weggehst, desto schwieriger wird's! Wenn du aus drei Metern schießt, verdoppeln sich die Punkte!

Der letzte Jedi-Ritter

5 Spieler +

Ihr braucht:
Augenbinden, falls es nicht dunkel genug ist

Die Macht der Stille sei mit dir!

Draußen im Dunkeln oder drinnen auf einem Teppich setzen sich alle mit dem Rücken zueinander in einen Kreis.

In der Mitte hockt der Jedi, der so leise wie möglich auf einen der Spieler zukriecht, um ihn mit einem Schlag auf die Schulter zu erschrecken.

Hört der Spieler den Jedi näher kommen, hebt er die Hand und sagt: „Die Macht der Stille ist nicht mit dir, Jedi-Ritter!" Daraufhin muss der Jedi in die Mitte zurückkehren und wieder von vorne anfangen.

Sagt der Spieler den Satz aber, ohne dass der Jedi auf ihn zukriecht, hat er verloren und muss die Stelle des Jedi einnehmen.

Dunkle Erinnerung

3 Spieler + Drinnen

Ihr braucht:
eine mit einem Tuch abgedämpfte Taschenlampe, die in eine Zimmerecke leuchtet

Was wurde hier alles umgestellt?

Bei Licht prägen sich alle Mitspieler ein, wo die Möbel und andere Sachen stehen. Dann wird ein Räuber ausgelost und zwei Minuten allein gelassen.

Der Räuber nutzt die Gelegenheit, um einiges umzustellen.

Nun kehrt ihr alle ins Zimmer zurück, in dem nur die Taschenlampe schwach leuchtet. Ihr müsst so schnell wie möglich herausfinden, welche Gegenstände versetzt wurden (je 1 Punkt), und sie an ihren Platz zurückstellen (je 3 Punkte).

Wer die meisten Punkte erzielt hat, wird der nächste Räuber!

Kleiner Tipp
Einen Gegenstand um weniger als 10 Zentimeter zu versetzen, ist heimtückisch und gemein!

Her mit den Moneten!

3 Spieler +

Drinnen

Ihr braucht:
- 6 Münzen
- Augenbinden, falls es nicht dunkel genug ist

Wie viel Geld hast du in der Hand?

Macht den Raum stockdunkel und setzt euch im Kreis auf den Boden. Der Spieler, der das Geld hat, schiebt seinem Nachbarn die erste Münze in die Hand.

Dieser versucht, durch Befühlen den Wert der Münze zu erraten, merkt ihn sich und gibt die Münze an seinen Nachbarn weiter.

Nachdem die sechs Münzen durch alle Hände gewandert und zu ihrem Besitzer zurückgelangt sind, nennt jeder Spieler den Betrag, von dem er meint, er sei durch seine Finger gegangen.

Gewonnen hat, wer der richtigen Summe am nächsten kommt.

Münzen im Glas

2 Spieler +

Ihr braucht:
- ein Glas Wasser
- 10-Cent-Münzen

Stell ein randvoll mit Wasser gefülltes Glas auf einen Tisch. Jeder Spieler muss nun, mit verbundenen Augen, eine Münze in das Glas fallen lassen.

Bei jeder Münze steigt das Wasser ein kleines bisschen höher ... bis zu dem verhängnisvollen Augenblick, in dem es überläuft!

Der „Plumpser", der das Glas zum Überlaufen gebracht hat, muss die Pfütze wegwischen und ein neues Glas Wasser holen. Wer kein einziges Mal eine Überschwemmung verursacht hat, ist ein echtes Ass!

Die Schicksalskette

Ihr braucht:
- Büroklammern
- Augenbinden

Mit dieser Halskette verwünsche ich dich!

Auf dem Tisch liegt ein Häufchen Büroklammern. Mit verbundenen Augen warten alle Spieler auf das Startzeichen.

Ziel des Spiels ist es, in Rekordzeit genügend Büroklammern für eine Schicksalskette aneinander zu hängen und sie einem Mitspieler umzulegen. Das Opfer scheidet aus!

Gewonnen hat der Klammer-Magier, der die meisten Schicksalsketten „verhängt“ hat.

Gemeiner Tipp

Der Verlierer muss zur Strafe alle Büroklammern wieder voneinander lösen!

Die Wanderbohne

Ihr braucht:
- mehrere Strohhalme
- getrocknete dicke Bohnen
- einen Kochtopf pro Mannschaft

Und jetzt kräftig einatmen!

Der Bohnenmann bindet allen Spielern die Hände hinter dem Rücken zusammen. Bevor er das Licht löscht, zeigt er ihnen den Haufen Bohnen auf dem Tisch und die zwei Meter entfernt stehenden Kochtöpfe.

Im Dunkeln bekommt nun jeder Spieler einen Strohhalm in den Mund, mit dem er so viele Bohnen wie möglich befördern muss. Das geht aber nur, wenn er sie mit seinem Strohhalm kräftig ansaugt!

Kleiner Tipp

Benutzt keine Reiskörner! Es könnte passieren, dass ihr sie direkt einatmet.

Gewonnen hat die Mannschaft, die in der vorgegebenen Zeit die meisten Bohnen in ihren Topf befördert hat.

Die Knotenmeister

2 Spieler +

Ihr braucht:
- eine lange Kordel
- ein Lineal

Knoten knüpfen, ohne etwas zu sehen!

Mal sehen, ob du im Stockdunkeln gut Entfernungen schätzen kannst!

Mach mehrere Knoten in eine Kordel – und zwar soll immer der gleiche Abstand dazwischenliegen!

Wenn ihr zu mehreren seid, könnt ihr euch für jeden fehlenden Zentimeter Strafpunkte anrechnen.

Sessel raten

5 Spieler +

Ihr braucht:
eine Augenbinde

Auf wem sitzt du gerade ?

Setzt euch im Dunkeln in einen Kreis. Ein „Blinder“ stellt sich mit verbundenen Augen in die Mitte.

Nachdem er sich mehrmals um sich selbst gedreht hat, setzt er sich plötzlich auf die Knie eines Mitspielers und versucht zu erraten, auf wen er sich gesetzt hat.

Aber Achtung, er darf nicht tasten! Er darf den Mitspieler nur bitten, ein wenig zu brummen oder eine düstere Melodie zu summen.

Wenn der Blinde seinen „Sessel“ erkennt, muss der Erkannte den „Blinden“ spielen. Andernfalls fängt dieser wieder von vorne an!

Das Weltraumtelefon

5 Spieler +

Ihr braucht:
- eine Augenbinde
- einen Hut

Lauschangriff im All

Vorbereitung

Jeder Spieler mit Ausnahme eines „Außerirdischen" zieht einen Zettel, auf dem der Name eines Planeten aus dem Sonnensystem steht: Jupiter, Erde, Mars, Saturn, Uranus, Neptun, Pluto, Merkur, Venus.

In der Finsternis des Universums sitzen die Planeten im Kreis ... In der Mitte steht der Außerirdische, der das Weltraumtelefon überwacht, und sagt mit verbundenen Augen und metallischer Stimme: „Saturn ruft Jupiter!"

Die genannten Planeten stehen auf, um die Plätze zu tauschen. Aber so leise wie möglich, damit der Außerirdische sie nicht erwischt! Denn der hat den Auftrag, ihre Verbindung zu unterbrechen.

Berührt der Außerirdische einen Planeten, muss dieser seinen Platz einnehmen.

Spiele für stürmische Nächte

Der Hexenbesen

5 Spieler + Schnelligkeit

Ihr braucht:
einen Besen

Verflucht sei, wer meinen Besen fallen lässt!

Setzt euch in einem dunklen Raum im Kreis. In der Mitte steht die Hexe mit ihrem Besen und sucht sich im Geiste einen Verdammten aus.

Plötzlich nennt sie den Namen des Unglückseligen, lässt den Besen fallen und setzt sich.

Der Verdammte muss sofort aufspringen, um den Besen zu schnappen, bevor er am Boden liegt. Wenn es ihm gelingt, wird er zur Hexe, wenn nicht, bekommt er eine höllische Strafe!

Es hagelt Strafen

Bei diesem Spiel kann man Ungeschickten jede Menge Strafen aufbrummen!

Wölfe in der Nacht

2 Spieler +
Draußen

Ihr braucht:
- eine Kordel oder eine Schnur
- Augenbinden

Ein Wolf jagt den anderen

In einer stockfinsteren Nacht bindest du zwei „Wölfen“ je ein Ende einer drei Meter langen Kordel um einen Knöchel. Verbinde ihnen auch die Augen.

Jetzt müssen sich die Wölfe gegenseitig fangen, können aber nur so weit flüchten, wie es die Länge der Kordel erlaubt!

Sie dürfen nicht an der Schnur ziehen, um ihre Beute zu packen. Der eingefangene Wolf bekommt eine Strafe.

Kartoffelrennen

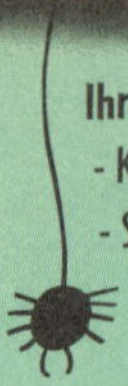

Ihr braucht:
- Kartoffeln
- Suppenlöffel

Flotte Kartoffel

Vorbereitung
Bei Tageslicht hängst du lauter kleine Geschenke über die Ziellinie der nächtlichen Rennstrecke.

Wenn es richtig dunkel ist, stellt ihr euch alle an einer Startlinie auf und bekommt vom Kartoffelwächter einen Löffel, auf dem eine Kartoffel liegt. Mit dem Löffel in der einen Hand und der anderen hinter dem Rücken lauft ihr los!

Bei dem Spiel geht es darum, so schnell wie möglich die Geschenke zu holen, ohne die Kartoffel fallen zu lassen!

Wenn dies – oh Schreck! – doch passiert, müsst ihr zum Start zurückkehren, wo der Wächter euch eine neue Kartoffel gibt.

Fällt die Kartoffel herunter, während ihr mit dem Geschenk zurücklauft, muss der Wächter es euch abnehmen und wieder an der Ziellinie aufhängen.

4 Spieler

Ganz schön verwickelt!

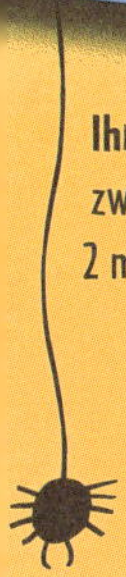

Ihr braucht:
zwei Wollknäuel oder
2 mal 20 Meter Paketschnur

Wer ist der schnellste Aufwickler der Welt?

Zwei Spieler entrollen ihre Knäuel, indem sie die Schnur kreuz und quer durch das ganze Zimmer spannen und Stühle, Tische oder Regale umwickeln, bis ein grauenhaftes Gewirr entsteht!

Schaltet nun das Licht aus und gebt den beiden anderen Spielern die Enden der teuflischen Fäden in die Hand. Sie müssen die Fadenlandschaft entwirren und das Knäuel schnell wieder aufwickeln.

Das Menschenknäuel

5 Spieler +

Befreie die verwirrte Menschheit!

Einer von euch ist der „Entwirrer". Er steht in der Ecke, solange ihr euch verknäult.

Dazu müsst ihr euch alle an den Händen fassen. Dann steigt ihr kreuz und quer übereinander, kriecht untereinander durch und versucht, euch möglichst kompliziert ineinander zu verknoten, natürlich ohne euch loszulassen!

Jetzt ist der „Entwirrer" an der Reihe! Er muss im Dunkeln euer Menschenknäuel aufknoten und euch wieder nebeneinander stellen.

Dabei darf er nicht versuchen, eure Hände voneinander zu lösen!

Kleiner Tipp

Dieses Spiel artet garantiert in allgemeines Gelächter aus!

Das Frisbee-Ufo

Ihr braucht:
ein fluoreszierendes (oder in Alufolie eingewickeltes) Frisbee

Meister im Mitternachts-Frisbee

Frisbee spielen kann jeder! Aber nachts ist die fliegende Untertasse nur schwer zu erkennen!

Um so ein Ufo einzufangen, muss man viel geschickter und beweglicher sein, als wenn man am helllichten Tag Frisbee spielt.

Und es macht viel mehr Spaß!

Extra schwer!

- Klatsch ein-, zwei- oder dreimal in die Hände, bevor du das Frisbee fängst.
- Dreh dich einmal um dich selbst, bevor du es wirfst ... und bevor du es fängst!
- Wirf es durch deine Beine.

Auf Schatzsuche

5 Spieler + Mit Vorbereitung

Ihr braucht:
- eine Taschenlampe pro Mannschaft
- Papier
- Stifte
- zwei Schätze

Piraten – hier geht's zur Beute!

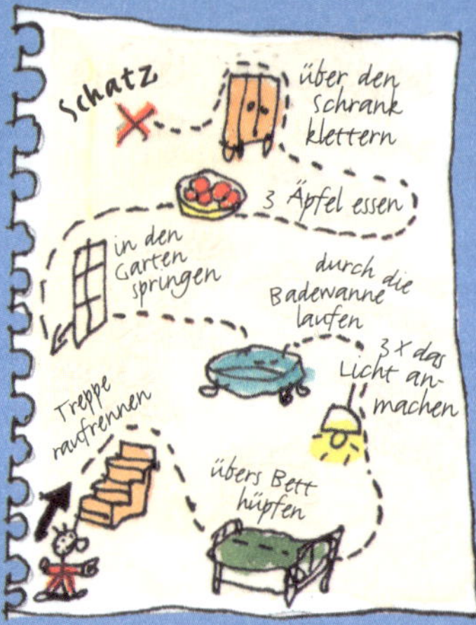

Vor dem Spiel vergräbt jede Mannschaft heimlich einen tollen Schatz (Schokolade, Bonbons ...). Dann zeichnet sie eine Karte mit dem Versteck und dem Weg dorthin.

Damit es nicht zu leicht wird, könnt ihr auch ein paar falsche Fährten legen, um den Schatzsuchern Rätsel aufzugeben ...

Tauscht eure Karten aus, sobald es dunkel ist. Wer entdeckt seinen Schatz zuerst, die Piraten oder die Freibeuter?

Kleiner Tipp

Je fantasievoller eure Schatzkarten gestaltet sind, um so aufregender wird das Spiel!

Latschenchaos

Ihr braucht:
eure Schuhe

Ja, wo laufen sie denn ...?

Los! Zieht euch alle die Schuhe aus und legt sie auf einen Haufen in die Mitte. Dann wird das Licht ausgemacht.

Und jetzt stürzt euch auf den Schuhberg! Jeder muss seine Schuhe wiederfinden und sie so schnell wie möglich anziehen!

Nur zugebundene Schuhbänder und fest sitzende Klettverschlüsse zählen!

Kleiner Tipp
Für Geruchsempfindliche Wäscheklammern bereitlegen!

Boule im Dunkeln

3 Spieler + Draußen

Ihr braucht:
- Jonglierbälle (oder mit Sand gefüllte Luftballons)
- eine Zielkugel, die man im Dunkeln gut erkennen kann
- eine Taschenlampe
- ein Stück Schnur

Kugeln?

Was für Kugeln??

Boulespielen im Dunkeln ist eine verrückte Sache, weil man das Gefühl für Entfernungen verliert. Auf geht's!

Um die Siegermannschaft zu ermitteln, braucht man unbedingt eine Taschenlampe und ein Stück Schnur, mit der man den Abstand zwischen den Kugeln misst.

Für den Ball, der am nächsten bei der Zielkugel landet, gibt es einen Punkt. Wer zuerst dreizehn Punkte hat, gewinnt!

Gespenster auf der Flucht

2 Spieler + Drinnen

Ihr braucht:
- eine Schnur
- Luftballons
- gruselige Musik

Peng! Lass die Eisenkugel platzen!

Jedes Gespenst bindet sich mit einem Stück Schnur einen aufgeblasenen Luftballon ans Bein.

Im Dunkeln tanzen alle zur Schauermusik und versuchen dabei, auf die „Eisenkugeln" der anderen zu treten, damit sie platzen.

Passt dabei aber gut auf eure eigene Kugel auf!

Wenn dein Luftballon platzt, scheidest du aus. Das Gespenst, dessen Luftballon am längsten hält, hat gewonnen!

Fette Strafe

Wer im Lauf des Spiels die meisten Luftballons „verloren" hat, muss in weniger als einer Minute einen neuen aufblasen!

Stiefelrennen

2 Spieler + | Drinnen | Schnelligkeit

Ihr braucht:
- die Stiefel eines Erwachsenen
- verschiedene Hindernisse
- eine Stoppuhr

Stiefel verloren – Spiel verloren!

Vorbereitung

Baue eine Hindernisstrecke: ein Stuhl zum Draufklettern, ein niedriger Tisch zum Durchkriechen, ein Eimer, Konservendosen zum Slalomlaufen, ein Teppich, um einen Purzelbaum zu schlagen ...

Zuerst müssen sich alle Mitspieler die Strecke genau einprägen, dann wird das Licht gelöscht und alle sind mucksmäuschenstill.

Nacheinander müssen die Spieler in ihren Riesenstiefeln alle Hindernisse nehmen, die sie im Halbdunkel erahnen ... und zwar so schnell wie möglich und ohne einen Stiefel zu verlieren!

Wer einen Stiefel verliert, muss wieder von vorne anfangen.

Entenversion

Wie wär's mal mit Schwimmflossen statt Stiefeln?

Rein in den Korb!

2 Spieler +   Drinnen

Ihr braucht:
- ein oder zwei Körbe
- Bälle aus zerknülltem Zeitungspapier
- Augenbinden

Wer übertrifft Michael Jordan?

Stell einen Korb auf die Erde oder auf ein Möbelstück. Bring alle anderen Gegenstände ringsum in Sicherheit, besonders die zerbrechlichen! Dann verbindest du dem Werfer die Augen, führst ihn zu einer Stelle in einiger Entfernung vom Korb und gibst ihm mehrere Papierbälle.

Und zack! Die Bälle müssen in den Korb! Ganz schön schwierig, wenn man nichts sieht ...!

Die Spieler aus seiner Mannschaft können ihm helfen: „Etwas weiter nach rechts, nach links, NEIN, mehr in die Mitte ...“

Die Mannschaft mit den meisten Punkten erwartet eine besondere Belohnung!

Warme Hände

Warnung!

Absolut nichts für Schlafmützen!

Du bist das erste Opfer: Du drehst dich um, hältst deine linke Hand hinter den Rücken und legst die rechte auf die Augen. Die „Schläger“ stellen sich mit erhobenem Arm hinter dich.

Sobald einer von ihnen dir im Dunkeln auf die Hand schlägt, musst du dich blitzschnell umdrehen und den Übeltäter ausfindig machen.

Wenn du den richtigen erwischt hast, ist er das Opfer. Sonst geht's weiter!

In die Vollen!

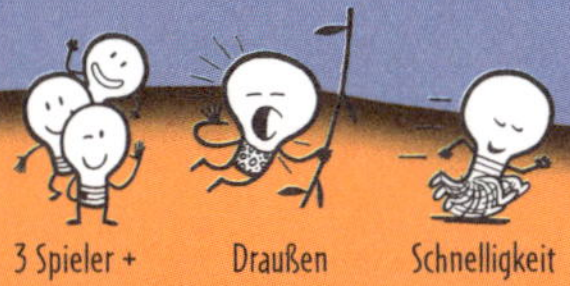

Ihr braucht:
- mehrere Kegel (oder mit Sand oder Wasser gefüllte Plastikflaschen)
- einen Ball
- eine Taschenlampe

Lass die Kegel tanzen!

Wenn es richtig dunkel ist (sonst verbindet euch die Augen), stellt ihr euch vier oder fünf Meter von den Kegeln entfernt auf.

Los geht's, jeder wirft einen Ball! Je weiter ihr weg seid, umso schwerer ist es natürlich! Wer die meisten Kegel umgeworfen hat, gewinnt!

Unter die Kegel könnt ihr auch Zettel kleben, auf denen eine Belohnung oder eine Strafe steht! Das macht das Spiel auf jeden Fall noch spannender!

Die Prinzessin und der Drache

5 Spieler +

Ihr braucht:
- einen Stuhl
- 5 Tücher und eine Augenbinde

Weiche dem Drachen aus, um die Prinzessin zu befreien!

Der schreckliche Drache hält eine Prinzessin gefangen, die mit fünf Tüchern an einen Stuhl gefesselt ist. Aber er kann nichts sehen! Die tapferen Ritter versuchen, die Prinzessin loszubinden, ohne dass der Drache sie erwischt.

Sie müssen sehr flinke und gezielte Bewegungen machen, um dem wütenden Drachen zu entkommen.

Die vom Drachen berührten Ritter scheiden aus, und das Ungeheuer hat gewonnen, wenn es ihm gelingt, alle Ritter zu berühren, bevor die Prinzessin befreit ist.

Kleiner Tipp

Zieht die Knoten nicht zu fest, sonst schafft ihr es nie, sie zu lösen!

Ochs am Berge, 1, 2, 3!

5 Spieler + Schnelligkeit

Ihr braucht:
eine Taschenlampe

Keiner rührt sich!

Entweder ihr spielt bei Vollmond draußen oder ihr bleibt im Zimmer und stellt eine Taschenlampe in die Ecke.

Stell dich vor eine Mauer, mit dem Rücken zu deinen Mitspielern, die sich ein paar Meter hinter dir an einer Linie aufstellen. Dann zählst du laut „Ochs am Berge 1, 2, 3!" und deine Freunde laufen auf dich zu. Bei „3" drehst du dich schnell um, und alle Spieler müssen stillstehen.

Wer sich jetzt noch bewegt, muss zur Startlinie zurück.

Wer aber bis zu dir kommt, ohne dass du ihn je in Bewegung gesehen hast, darf deinen Platz einnehmen. Aber Vorsicht! Wenn du dich zu früh umdrehst oder zu schnell zählst, bekommst du selbst eine Strafe aufgebrummt!

Die verliebten Flöhe

5 Spieler +

Ihr braucht:
Augenbinden

Verliebte Flöhe stört man nicht!

Alle Flöhe verbinden sich die Augen. Der dicke Kater (der im Dunkeln noch etwas sehen kann) beginnt, sie zu jagen. Hat er einen Floh berührt, scheidet dieser aus.

Doch aufgepasst! Die Flöhe können sich retten, indem sie einen anderen Floh umarmen – zwei umschlungene Flöhe darf der dicke Kater nicht anfassen. Außerdem muss er während der Jagd die ganze Zeit miauen, damit die Flöhe wissen, wo er ist!

Auf ein Zeichen trennen sich die Flöhe wieder, und das Spiel fängt von vorne an.

Kitzlige Strafe

Wurde ein scheußlicher Floh dreimal vom Kater berührt, muss er sich eine Minute lang von allen an den Armen und Beinen kratzen lassen! Ebenso ein Kater, der beim Jagen zu „miauen“ vergisst.

Der Hexenkater

5 Spieler +

Versteinerte Mäuse!

Lost unter euch einen Kater aus. Ihr anderen seid die Mäuse und müsst im Dunkeln vor dem Hexenkater weglaufen.

Wenn eine Maus berührt wird, bleibt sie starr und breitbeinig stehen.

Sie kann nur vom Fluch des Katers befreit werden, wenn eine andere Maus es schafft, zwischen ihren Beinen hindurchzukriechen!

Die Spur des Teufels

3 Spieler + Mit Vorbereitung

Ihr braucht:
- schwarzes Papier
- Kreide

Wehe, du trittst in die Fußstapfen des Teufels!

Vorbereitung

Bastle einen „Fußabdruck des Teufels", indem du mit Kreide einen Pferdefuß auf schwarzes Papier zeichnest. Dann befestigst du diese Teufelsspur irgendwo auf dem Boden.

Ihr stellt euch alle in einem Kreis um den Fußabdruck des Teufels herum und gebt euch die Hände.

Auf ein Startzeichen hin fangt ihr an, euch in alle Richtungen zu zerren und zu schubsen.

Wer dabei seinen Fuß auf den Abdruck des Teufels setzt, bekommt eine teuflische Strafe!

Angeln

3 Spieler +

Ihr braucht:
- einen Becher
- mehrere mit Alufolie umwickelte Korken
- Schnur

Zieh rechtzeitig Leine!

Vorbereitung

Jeder braucht eine etwa 50 Zentimeter lange Schnur, an deren Ende ein Korken hängt.

Im Dämmerlicht legt ihr die Korken, die jetzt glitzernde Fische sind, auf einen Tisch und haltet eure Schnur gut fest. Heimlich nähert sich ein Angler mit seinem „Kescher-Becher“ und versucht, blitzschnell einen Fisch zu fangen.

Jetzt heißt es – zack! – an der Angelschnur ziehen. Daneben! Der Fisch ist entkommen! Wird dein Fisch gefangen, bist du der Angler!

Monster und Dompteur

2 Spieler +

Ihr braucht:
- alle möglichen Hindernisse (einen Hocker, einen Eimer, einen über zwei Stühle gelegten Besen, Konservendosen usw.)
- eine Augenbinde

... drei Schritte nach links! Nein, rechts!!

Stellt verschiedene Hindernisse im Raum auf. Lost ein Monster und einen Dompteur aus, verbindet dem Monster die Augen und führt es zum Start.

Vom anderen Ende des Raumes aus dirigiert der Dompteur das Monster an den Hindernissen vorbei.

Das Monster, das gegen kein einziges Hindernis gestoßen ist, bekommt eine tolle Belohnung. Der Dompteur natürlich auch!

Falsche Hindernisse

2 Spieler +

Der verlogene Führer

Dieses Spiel ist eine lustige Abwandlung des vorigen, hat allerdings den Nachteil, dass man es nur ein einziges Mal spielen kann.

Der Grund: Sobald das Ungeheuer sich die Augen verbunden hat, räumst du alle Hindernisse aus dem Weg. Jetzt dirigierst du es durch den (leeren!) Raum.

Zuzusehen, wie es springt, behutsam das Bein hebt, kurze Schrittchen macht, um Hindernissen aus dem Weg zu gehen, die es gar nicht gibt, ist zum Totlachen!

Kleiner Tipp

Wähl ein Opfer, das Humor hat. Oder mach dich auf seine Rache gefasst!

Hilfe, wo bin ich?

2 Spieler + Draußen

Ihr braucht:
- eine Augenbinde
- ein Stück Kreide

Wie viele Schritte hab ich gemacht?

Einer von euch ist das „verirrte Kind“. Ihr verbindet ihm die Augen und gebt ihm ein Stück Kreide.

Das „verirrte Kind“ muss im Stockfinsteren neun Schritte machen und nach dem dritten, siebten und neunten ein Kreuz auf die Erde malen.

Nach dem neunten Schritt geht es denselben Weg zurück. Dabei muss es versuchen, um jedes Kreuz, das es auf dem Hinweg gemalt hat, einen Kreis zu zeichnen.

Das „verirrte Kind“, das die meisten Kreuze eingekreist hat, bekommt eine Riesenbelohnung.

Rätsel, Belohnungen und Strafen des Herrn der Finsternis

Rätsel des Herrn der Finsternis

Kannst du alle Fragen des  **Herrn der Finsternis**

1. Ich schiebe meine Zähne zwischen eure. Wer bin ich?

2. Am Morgen gehe ich auf vier Beinen, am Mittag auf zwei Beinen und am Abend auf drei Beinen. Wer bin ich?

3. Ich komme nur aus dem Bett, um Schaden anzurichten. Wer bin ich?

4. Ich bringe meine zwei Teile zusammen, um zu zerteilen. Wer bin ich?

5. Bei welchem Fall tust du dir nicht weh?

6. Mein Schlüssel öffnet keine einzige Tür. Wer bin ich?

lückenlos beantworten?

7. Ich habe einen Schlüssel, aber keine Tür. Wer bin ich?

8. Ich bin gut geschützt und immer nass. Wer bin ich?

9. Bin ich voll, werde ich weggeworfen, bin ich leer, behält man mich. Wer bin ich?

10. Welchen Garten kann man nicht gießen?

Antworten: 1. Die Briefmarke. 2. Der Mensch (geht als Kind auf allen vieren, als Erwachsener auf zwei Beinen und als Greis am Stock). 3. Der Fluss. 4. Die Schere. 5. Beim Einfall. 6. Der Notenschlüssel. 7. Das Hängeschloss. 8. Die Zunge. 9. Die Mülltüte. 10. Den Kindergarten.

Die Belohnungen und die ...

Ihr braucht:
- Papier
- einen Stift

Schreib alle Belohnungen auf verschiedene Zettel. Du kannst dir auch noch andere ausdenken. Der Super-Gewinner darf dann nach den Spielen einen Belohnungs-Zettel ziehen.

Der Gewinner oder die Gewinnerin darf sich das nächste Spiel aussuchen.

Wer mehrere Spiele gewonnen hat, braucht hinterher nicht mit aufzuräumen.

Ihr schenkt dem Sieger oder der Siegerin die schönsten Kunstwerke, die ihr gemacht habt!

Zu Ehren des Besten unter euch verfasst ihr ein wunderschönes Gedicht, in dem all seine Vorzüge gelobt werden.

Der Erste Sieger bekommt das dickste Stück Kuchen!

Fällt euch noch mehr ein?

... Strafen des Herrn der Finsternis

Auch die Strafen des Herrn der Finsternis schreibst du auf Zettel und lässt den Verlierer einen ziehen. Du kannst auch selbst welche erfinden, aber: eine Strafe soll ein Scherz sein ... und keine Quälerei!

Der Verlierer muss mit verbundenen Augen Reis und Bohnen sortieren, die du vorher gemischt hast.

Der Verlierer wird eine Minute lang in einen Schrank gesperrt und muss dort ein Lied singen.

Ihr dürft den Verlierer eine Minute lang an den Füßen kitzeln!

Der Verlierer muss hintereinander drei Luftballons aufblasen!

Der Verlierer muss mit geschlossenem Mund ein Lied singen.

In dieser Reihe sind außerdem erschienen:

100 Spiele von Kopf bis Fuß
(ISBN 3-89777-086-5/€ 7,95)

100 Spiele für Geburtstage
(ISBN 3-89777-087-3/€ 7,95)

100 Spiele für dich allein
(ISBN 3-89777-088-1/€ 7,95)

Originaltitel: „Délires dans le Noir"

Leitung: Marianne Grand
Maskottchen: Lewis Trondheim
Piktogramme: Bruno Liance
Grafische Gestaltung: Laetitia Bertrand
Dank an Emmanuelle Fumet

moses. Verlag GmbH
Hülser Straße 21-23
47906 Kempen
Telefon 02152-209850
Telefax 02152-209860
E-Mail info@moses-verlag.de
www.moses-verlag.de

Übersetzung aus dem Französischen:
Maria Hoffmann Dartevelle
für Delius Producing München

Redaktion und Satz der deutschen Ausgabe:
Delius Producing Berlin

ISBN 3-89777-085-7